왜 이리 아픈가? 왜 이리 그리운가?
시의 본질에 대한 슬프고 아름다운 두 질문

천창우 가사시집
『곡비 哭婢』 완본판

우리는 저마다 한권의 책을 쓰고 간다

천창우 장편 가사시집

● 시인의 이야기

저자는 한국전쟁에서 부친을 잃었다. 어머니는 저자의 나이 아홉에 시골교회 전도사로 시무하시던 외할아버지의 주선으로 그 교회 출석하던 반공포로출신과 재혼하여 슬하에 6남매를 거두었다. 저자는 어려서 대부代父로부터 그의 생에 관한 얘기를 자주 들으며 성장했다. 시간만 나면 대부에게 마을 청년들이 찾아와 억센 평안도 사투리에 담긴 파란만장한 삶의 얘기를 자주 청했었다. 저자도 그들 틈에서 흥미롭게 그 얘기를 들었다. 따라서 이 가사시집은 전후 한국의 격변기를 헤쳐 온 한 세대의 살아있는 역사이며, 한 인간의 고백이요 전쟁으로 피폐한 삶과 영혼에 관한 서사로, 무참히 무너진 인간성의 존엄이고 우리 민족사의 비극이다.

저자는 성장하면서 특히 문학과 종교학을 연구하면서 인간의 존엄성과 남과 북에 처자를 두고 사는 대부의 정신적 갈등에 깊은 관심을 가졌다. 초등학교 5.6학년 무렵 어머니와 크게 다투고 뒷결 나무청에서 혼자 하늘을 향해 눈물짓는 대부를 본 이후, 북에 대한 가족의 그리움과, 평생 그에게는 녹녹찮은 타향살이였을 남녘의 생소한 삶과 정신적 갈등이 궁금했기 때문이다.

그러나 직·간접적으로 묻는 저자에게 한 번도 그 속내를 드러내 보여주지 않았다. 본 가사시집 자료보완을 위해 요양원으로 찾아가 궁금한 사항들을 물었을 때도 끝내 94세의 희미한 자신의 기억에 묻어버리셨다. 다만 지금까지 저자가 지켜본 그분의 삶과 어머니의 장례식을 앞두고 남기신 말씀, 그리고 간혹 어머니 생전에 들을 수 있었던 얘기들로 궁금함을 유추해볼 수밖에 없었다.

우리는 태어나면서 삶이라는 잉크를 찍어 저마다 한권의 책을 쓴다. 어떤 사람은 평탄하게 완성해 절대자에게 제출하고 어떤 이는 스스로 또는 외부의 영향으로 서사를 왜곡시키거나 미완으로 남기기도 한다.

우리민족은 끊임없는 외세의 침탈로 후자의 경우가 더 많았다. 산다는 것은 저마다의 존재 이유와 목적이 있다. 무엇이 올바른 삶인가? 무엇이 참 평화인가? 전쟁의 잔혹함은 전쟁터뿐인가? 전후에 남은 자들의 상처 난 삶과 마음의 치유는 누구에게 물을 것인가? 한 몸이 두 개의 영혼으로 싸우며 우는 눈물은 또 누가 닦아줄 것인가?

대부는 임인壬寅년 선달 스므이튿 날 "고향땅을 밟고 두고 온 처자를 만나고 싶다"는 소원을 끝내 이루지 못하고, 몇십 년 만에 내린 호남지방의 폭설이 쓸고 간 정적을 밟고 자신의 몸으로 쓴 저서에 마침표를 찍으며 소천하셨다.

누가 그의 일평생을 가혹한 고문 가운데 살게 했는가? 누가 그분에게 매일 간을 쪼아내는 프로메테우스의 형벌을 가한 것인가? 이 세상의 누구도 그 무엇도 한 인간의 삶을 짓밟고 찢어발길 수있는 권한은 주어지지 않았다. 다시는 이 땅에, 아니, 이 지구상에 전쟁의 비극은 없어야 한다.

대부의 전후 71년 동안의 굴곡진 삶을 통해 나와 세상을 바라보고자 여섯 단락으로 나누어 우리 모두의 울음을 대신한 그분의 『곡비哭婢』를 발간했으며, 이제 몸으로 완성한 마지막 서사 한 단락을 덧붙여 우리 모두의 비극에 마침표를 찍는다.

아직도 우리의 전쟁은 끝나지 않았다. 인간의 탐욕에서 발발한 우크라이나의 참화를 엊그제의 우리 일로 바라보며, 바래져가는 한 사람의 전하지 못한 고백을 가사체의 형식을 빌어 오늘을 조명해본다.

2023년 가을의 문턱에서

저자 천창우 큰절

| 차례 |

왜 이리 아픈가? 왜 이리 그리운가?
詩의 본질에 대한 슬프고 아름다운 두 질문

I. 홑겹 육신이 두 겹 영혼에서 울 때

제 1절

홑겹 육신이 두 겹 영혼에서 울 때

조계산 골짜기 훑어내린 녹색훈풍
이 능선 저 골짝 물바늘로[1] 치솟아
구르고 엎어지고 뒤죽박죽 내달려
쌍계천서 서로 만나 어리둥실 흐르는데
언제부터 백수白鬚들 시간을 도살하는
노치원 대합실에는 도래솔들 그루잠든다[2]

바람의 창살이야 무쇠보다 야무져
초병들 없어도 도망칠 수 없으니
체념의 그물에 제 목을 옭아매고
희부연 시야로 마른사지 핥고 앉은
그늘의 뒤안길엔 봄빛만이 하도 짙어
창밖의 세상만물 앵두보다 영롱해라

이승과 저승이 까마득히 멀다하나
티끌보다 가벼운 눈꺼풀에 매달렸으니

1) 물바늘 : 수증기, 물안개의 우리말
2) 그루잠 : 깨었다가 다시 든 잠

천만리 고향뒷산 연두봉이 지척이라
어젠 듯 눈에 잠겨 봄빛도곤 선연하니
두고 온 고향산천 눈앞에 청청해서
차라리 치매에 묻어 그리움을 잊을까

평안남도 함경남도 살피를 가르는
그림산 능선에는 진달래꽃 피고지고
평안남도 양덕군 온천면 하천리
아스라이 펼쳐진 임천동 들녘이랴

"이--허어 쯧! 쯧!
오-호, 도-라!
안소는 스라니 안에서 도라치고
마라소3)는 스라니 밖에서 도라치라
겨리가4) 기울면 밭이랑이 굽진단다
허스렁- 허스렁- 안소야 마라소야

---

3) 두 마리 소를 묶어 독겨리 경작할 때 바깥쪽 쟁기를 맨 소. 안소를 따라 자연스레 일을 배운다
4) 겨리 : 두 마리의 소가 한 쌍으로 끄는 쟁기

오뉴월 쌔빠진 해 서산허리 앉았디요
니놈들 쇠꼬리에 불똥침을 놀까말까
헤-이 이-이랴! 냉큼 가자스랴
눈치코치 엿바꿔먹고 양반눙칠 녀석들아
우리 각시 정짓문에 눈 빼박고 기다림메
이 언제 다 갈끼고 어여 갈고 집에 갑세
안소는 멈춰서고 마라소는 잽삐걸어
허-이어- 헛! 스라니 돌-고-
허스렁- 허스렁- 허이야 허이사-!"

청승맞은 겨리소리 저녁놀에 타들어
산 넘고 물꼬 건너
논밭살피 갈라치면
산그리매 좇아내린 어둠은 자릴펴고
보릿단 낟가리 째 짊어진 머슴아이
지겟목 뚜드리는 목침소리 낭창한데
비익조 외로운 새는 갈 수 없는 고향땅

겨릿소 쫓아가며 먹이 찾는 해오라비

흰 날개 빌어 타고 하늘길 날아서
어릴적 뛰놀던 뒷동산에 내려서니
그리움 고여 삭는 안개개핀 고샅길
할아버지 헛기침에 새벽은 눈을 뜨고
이슬진 뜨락에는 굴뚝연기 낮게 날아
아츰마당 쓰시는 아버지 싸리비에
물러섰다 휘돌아친 춤사위가 고웁다

부엌에는 아츰짓는 꿈에 본 어머니
깨끼적삼 모시잠방이 앙가슴 끝동아래
베단추 비집고나와 수줍게 불쑥내민
검붉게 농익어서 흔들리는 오들개
눈동자에 밟혀서 온기 아직 따순데
빛바랜 홑겹남루 뒤집어쓴 내 육신
두 겹 영혼으로 피흘리며 싸우는
여기는 이승의 마지막 역 대합실
창밖의 오월산하 더 푸르러 서럽다

"싸운다 싸운다(엄지)

아이들이 싸운다(새끼)
어머니가 나와서(검지)
약을 발라주시며(약지)
잘 놀아라 잘 놀아라(중지)"
삐걱대는 손마디 요양보호사 좇아서
어설픈 두 손이 손가락치기 따라가며
시선을 목매달아도 봄날은 산드러져
영혼만 휴전선 넘어 고향산천 넘나드네

거칠 것 없어서 부러운 영혼아!
그래서 더 아픈 서러운 내 영혼아!
이제는 은빛날개를 활짝 펼치어라
날개를 젓고저어 휴전선 넘어서
이내몸 기다리는 사랑을 찾아가자
그 품에 피 젖은 남루를 맡겨놓고
그리웁고 보고파서 보듬어 안고지고
눈물이 마를 때까지 천만년을 울어보세

이제다시 뒷모습은 보이지 않으리니

고향산천 부모자식 그리운 이 뒤에 두고
역사에 등 떠밀린 나약한 영혼으로
백년을 울었기에 여한은 없으리니
탐욕에 소리높인 울음은 사양하네
이제는 내 설움에 날 위해 애곡하니
마지막 사랑위해 눈물은 아끼리라
곡비의 울음소리만 애처러운 이 땅에

제 2절

피로써 피를 씻고

어머니 치성드려 삼대독자 날 낳고
손대면 꺼질세라 보기만도 아까워
열세 살에 솔서 보내[5]
대 이을 자손 고대하며
뒷산에 토굴파고 별빛을 호롱불삼아
숨죽인 싸릿대로 연기사른 밥 짓고
인민군 강제징집 피해온 석 달 열흘
가족들 족쳐대는 인민보위부 등쌀에
인민군대 입대하여 조석으로 하루 두 번
두테산 시오릿길 물 긷다 면 튼 주민
이남으로 내뺄요량 있다고 귀띔하네

호주머니 탈탈 털어 군호를 얻어줘고
접선한 대원 좇아 몽금포로 가는 길
낮에는 야산이나 빈집에 숨어들고
샛별은 길라잡이 팔십 리 길 걷는데

---

5) 솔서率壻- 조선시대 남귀여가男歸女家의 습속으로 혼례를 치른 사위가 자식을 볼 때까지 처가에서 살다가 본가로 돌아오는 풍습.

선두의 인솔대원 왼손 번쩍 쳐드니
일행은 연기처럼 수로로 스며들고
따발총 거꾸로 맨 인민군 대여섯
담배연기 내뿜으며 코앞을 스치네

피난 간 빈집 뒤져 허기를 채우고
나흘 거쳐 당도한 몽금포 갈대숲
그림잔듯 미끄러든 검은목선 한 척
"끼룩끼룩 끼루루룩 끼-쭉!"
"훗쭉훗쭉 후루루룩 훌-쭉!"
군호를 주고받고 기슭에 배 붙여
일행이 승선하니 뱃전물결 넘실대고
처음 타본 풍선風船은 키질하듯 까불어
육지 놈 오장육보는 용궁토끼 간이라

"옴싹말고 쥐죽은 듯 엎어져 있으라요!"
칼날에 엎디어 난생처음 드린 기도
뱃전치는 파도는 우뢰로 울부짖고
꺼덕거린 돛폭한숨 천지간 아득해

노 젓는 소리에 잔별들 잠깰세라
놋봉에 물 축이며 어둠도 숨죽이고
새벽녘 천운으로 백령도에 닿았네

유격대 도움 받아 썰물 때 기다려
보름 만에 군용기 모래뻘 이륙하여
새처럼 날아서 대구비행장 착륙하니
연합군 포로심사 '쇠귀에 경 읽기'라
눈치로 연합군 신원조사 통과하고
그들이 작성해준 내 영문 신상카드
내 손에 쥐고서도 내 운명을 못읽겠네

알파벳이나 아는 장정 요령부려 미군군속
어떤 이는 고향 찾겠다 유격대원 자원해
남은 일행 인솔해 화물열차 태우는데
내리니 부산한 사람들 부산이라 카네
갈매기 울음소리보다 억세고 소란스런
말숲을 헤치고 부산항에 도착하여
부두에서 LST타니 거제도포로수용소라

인민군 포로라며 85막사 배당하네

배치받은 막사 찾아 줄지어 가는 길
아직도 중장비소리 요란한 천막촌에
수용자들 벌떼처럼 철망에 달라붙어
행여나 낯익은 고향사람 보려나
혹시나 가족소식 귀띔할 수 있을까
쫓아오며 궁금한 바깥소식 물었쌌네

정전협상 시작하자 포로교환 논의되고
포로들 지원하는 나라 보내준단 소문에
전염병처럼 번져가는 전향자 막으려고
반공, 친공 포로들 내일없는 살육난동
자고새면 동료들 쥐도 새도 모르게
처형해서 빵끼통에6) 토막사체 처박고
육포처럼 사지찢어 철조망에 걸어두니
인간임을 거부한 야차들의 아비규환

---

6) 빵기통=드럼통을 잘라 만든 이동식 변기통

자유의사 선택에 대못치는 좌익폭동
그 순간 그 공포 내 온몸에 젊어지고
얼룩진 피 닦아냈던 금수같은 시간들

조계산 성산聖山넘어 포성이 울리네
만산은 진저리치고 강물이 들끓으니
작고 푸른 지구별의 카인에 후예들
나서부터 싸움터에 내팽개친 삶이라
죽고 죽인 광란이야 필연이었겠지만
세세손손 행복하게 자녀낳고 기르는
끝없는 축복의 땅 기름진 평야에서
순박한 사람들 살았다는 우크라이나
그곳에 탱크굉음 지축을 뒤흔든다네

태어날 때 우주가 동시에 생성되고
떠나면 우주도 함께 지는 생명체들
죽음의 까닭조차 물어보지 못한 채
길가에 널부러져 불타다만 목숨들
시체 산을 쌓는다는 키이우

마리우폴, 부차 ……
수백만 시민들 탈출러시 줄을 잇고
부모자식 형제자매 눈물마른 생이별
아늑한 보금자리 무참하게 파괴되고
들개들 시체를 뜯는 그곳이 지옥이라

그 폐허에 사람훈기 다시따리 틀려면
캐터필러 짓이긴 검은대지 곡창에
밀 보리 푸르게 다시 싹이 돋으려면
그들은 또 얼마의 피와 땀을 심을까
남의 일 같잖아서 가슴먼저 떨리네

차라리 피 흘리는 저주의 싸움들이
사냥터 넓혀가는 원시인 싸움이면
밀밭을 쟁탈하는 기사들 혈투라면
신념에 목숨 건 십자군 전투였다면
신 앞에 불려나가 변명이나 하련만
인간은 신기루에 탐욕을 구우며
무저굉을 채워가는 끝없는 욕심에

대지는 순간도 피 흘리고 죽어가네

천국도 하루아침 아비규환 지옥인데
신들은 어이해서 침묵하고 계시는가?
뉘라서 심판자로 그들을 세웠기에
천하보다 귀한목숨 초개처럼 짓밟는가?
삶이란 잠시 동안 멈춰섯다 가는 것을
어제의 내 일 같아 조금도 낯설지않네

그런대도 인간은 상처의 기억보다
상처를 잊어가는 망각부터 배운다지
덧깨 진 파편들 폐허위에 뒹굴어도
그 자리에 얼룩진 피어린 삶의 역사
어리석은 인간은 반복해서 써가기에
유대인에 고개 돌린 광야의 단독자는
인간을 외면하고 돌아앉아 버리셨네

오늘도 탱크는 침실을 짓뭉개고
미사일 불꽃놀이 병원은 불타올라

"남의 나라 사람들 피로 욕망을 채우려는"[7]
탐욕의 제노사이트는 이순간도 피를 뿌려
대지의 신음소리 천둥으로 우는 날
날 기다리시던 어여쁜 사람아
그대 지금도 정짓문에 기대어서
고소한 누룽지 눌여서 긁어놓고
등 보여 떠난 사람 아직 기다리시는가?

뒷산의 춘색은 속절없이 짙어가고
쌍계천 봄비는 흥에겨워 어우렁더우렁
어깨춤 들먹이며 바다로 흐르는데
내 영혼의 꽃으로 핀 아들아 딸들아
나 언제 꽃잎 따라 훌훌히 지거들랑
들풀처럼 일어선 불꽃으로 다림질하여
한줌은 맨발로 남녘에서 동행해준
네 엄마 곁에다 다독다독 묻어주고
한줌은 통일된 어느 해 그 봄날

7) 우크라이나 대통령 볼로디미르 젤렌스키의 항변에서 따옴

내 고향 북녘 땅 연두봉 양지녘
두고서 떠나온 열여덟 여린 아내
손덕산[8] 곁에다 고이고이 묻어주소

헤어져도 헤어진 기억은 없으니
함께여도 이별뿐인 서러운 삶이라서
죽음보다 더한 이별 이제는 다시없게
영원히 사랑하며 한 몸 되어 살려고
회색빛 기억토막 목울대를 쳐내며
서럽게 두겹 영혼이 한몸되어 우는 봄

---

8) 북쪽 고향에 두고 온 아내의 이름. 代父는 부농의 삼대독자로 13세에 18세의 손덕순과 결혼하여 복식과 복순 두 딸을 두고 월남하였다.

Ⅱ。 고현천 사백어의 눈물

제 1절

도야여년度夜如年 도야여년이라

마침내 내어드릴 영혼마저 떠나고
육체는 기억할 궤적조차 아득해
마지막 속내까지 긁어내고 투명해진
고현천 사백어는[9] 봄을 잃어 서럽다

인천상륙작전에 허리 끊긴 공산군
부산임시수도는 십만 포로 끌어안고
좁은 땅에 삼부요인 피난민 유엔군
화약고가 따로 있나 위험한 동거생활
폭증하는 포로들 분산수용 명령에
전선과 거릴 두고 육지와 격리된 곳
섬에다 포로들 수용키로 작정하고
제주도로 보내려니 장거리 선박운송
포로들 선상난동 해상공격 문제라

9) 사백어(死白魚:Ice goby) : 농어목 망둑어과로 거제도를 중심으로 한 남해안 연안의 얕고 깨끗한 곳에서 떼를 지어 유영하다 봄이면 산란을 위해 인근하천으로 올라온다. 성어는 5cm 정도며 생전에는 투명하나 죽으면 백색으로 변해 사백어라 불리며, 현지인들은 "뱅아리"라고도 한다.

연합군이 선택한 비운의 섬 거제도

1951년 2월에 첫 삽 뜬 알바니작전[10]
듣도 보도 못했던 중장비들 굉음이
뚝딱뚝딱 며칠만에 밀어붙여 건설한
고현지구 수월지구 늘어선 천막촌
그해 6월에는 인민군포로 십오만
중공군포로 이만 여군포로 삼백 명
수용소를 관리하는 일만여 명 연합군

부산입항 거부당한 크리스마스 기적의 배가
장승포에 상륙시킨 일만사천다섯 명
눈송이 같은 생명들 함흥철수민
거제도민 10만 명 전쟁포로 17만여 명이
내일이 없는 삶 지고 가는 거제도
낮이면 신음소리 드높게 떠돌고
밤이면 진저리치다 잠들지 못하네

---

10) 알바니 작전 : 거제포로수용소 건설작전

세상과 담을 쌓은 가시철망 안에는
이데올로기 전설되어 포연처럼 깔리고
가시철망 밖에는 꿈을 잃은 피난민들
떡판을 이고지고 밖에 소식 물어 와
또 다른 분계선의 삶들을 흥정하네

철조망을 빠져나온 외투 한 벌에
쫄깃쫄깃 찹쌀떡이 일백 개라지요
판쵸우의 하나는 콩고물이 듬쑥 든
먹음직한 송편이 서른 개 구요
군용양말 한 켤레는 햇쑥떡이 두 개죠

대외명분 중시한 유엔군사령부 덕분에
국제적십자 감시 하에 호강하는 포로들
수용소서 하루에 소비된 쌀이 94톤
우리네 쌀가마니로 1,175가마니 삶아내고
일본에서 들여온 '자유'담배가 열 까치 씩
지천으로 남는 밥 판초우에 싸 두들겨
'갑바떡' 만들어 먹는 풍요로운 포로생활

하고프면 한글공부 직업교육 영화감상
포로올림픽 개최하니 전시戰時를 망각하네

배부르고 등 따시니 하던 버릇 개 줄까?
제 76호 막사에 열혈공산당원 모여들어
막사에 지하실 파서 비밀아지트 만들고
라디오 조립하여 북한공산당 지령 받네
"거제도에 눈이 온다"
"거제도에 눈 개었다"
암호 난수표로 비밀활동 보고하며
철조망 안에 건설한 그들만의 이념제국

확전을 원치 않는 강대국들 수셈에
정전협상 다섯 가지 의제를 내걸고
적화된 개성시 선죽교인근 내봉장
아흔아홉 칸 고택에서 견원지간 손잡고
북진통일 공허하게 마주앉은 정전회담
실리와 구실 찾는 지난한 줄다리기
그동안도 고지하나 사이에 두고서

낮에는 태극기 밤에는 인공기
스물두 번 주인이 바뀐 백마고지전투
빼앗고 빼앗기는 끝없는 소모전에
푸르른 젊음들 꽃잎처럼 사위어든
피로써 피를 씻은 내 조국 산하여!

철조망속 공화국에 지령이 날아들어
제네바협정 들이밀며 십칠만 공산포로
무조건 소속국에 송환하라 제시한
공산 측 요구 걸고 봉기하란 명령에 -
포로의 자유의사 존중하란 반공청년단
내일없는 쌍방의 이데올로기 싸움은
죽음의 안개처럼 천막을 점령하고
무참한 살육은 밤마다 지속되니
서로가 서로를 감시하는 두려움은
초침소리 살을 깎고 심장엔 피가 말라
핏발선 눈빛들은 이리처럼 번득이니
전선보다 참혹한 소리 없는 전쟁이라

포로에게 수용소장이 포로로 구금되어
세기의 희극을 연출한 거제포로수용소
공산주의 술수에 속아 넘어간
후임으로 부임한 톰슨 준장
삼일 만에 도드 준장 구출해 냈다지만
포로들이 강요한 각서에 서명하니
이 박멸 디디티는 화학무기 사용이요
폭도가 처형한 반동자는 포로살육
직업교육 문맹퇴치 문화강좌는 강제회유
무차별 포로학대 자인한 입증서 돼
17개월 지루한 샅바싸움 시비꺼리로
정전협상 최고난제의 걸림돌이 되었네

좌익은 좌익대로 우익은 우익대로
용공교육 반공교육 총동원령 하달되고
오가는 말들에 시퍼렇게 날이 돋아
서로를 감시하고 서로를 고발하니
한 담요 아래서 위로하고 위로받던
제일교포 은행지점장 점잖은 짝 동무

미제첩자라고 고발돼 몰매 맞아 죽어가도
분노한 척 린치에 동참하지 않으면
나 또한 의심받아 저 모습이 내 꼴이라
앞장서 짓밟고 들개처럼 물어뜯어
어금니 앙다문 치욕의 밤 지새고
아침되자 빵끼통에 토막사체 처박아
세상에 이름 하나 흔적 없이 지웠네

새벽마다 허리바께스[11] 행렬은 줄을 잇고
오물은 고현천따라 고현만에 흘러들어
서식지를 빼앗긴 사백어 떼는 떠나고
바다에 분뇨 함께 부유하는 사체들로
미국군 CIC[12]가 모든 포로 재분류하니
백지에 포로번호와 남南자 북北자 기록해
본인이 여단부에 제출하라 하달하네

---

11) 허리바께스- 빵끼통 양쪽에 손잡이를 붙여 두 사람이 들고 운반하게 만든 인분통.

12) 증언자는 미국 CIC(방첩대)라고 하나, 자료는 1952.04.10. 유엔군 사령부가 공산군포로를 대상으로 실시한 조사로 보이며, 이 조사에서 공산군포로 17만 중, 약 10만이 자유송환을 원한 것으로 나타났다. -박태균, 『한국전쟁』, 2019, 14쇄, (주)도서출판 책과함께.

재분류가 끝나자 더욱더 살얼음 진
귀국은 포로의 자유선택 반공청년단
포로의 소속국 무조건송환 해방동맹
총성 없는 잔혹한 이데올로기의 아비규환
동무의 속엣말 자아비판으로 돌아와
밤마다 올가미로 숨통을 조여드니
"도야여년度夜如年 도야여년"13)이라
아침에 뜨는 해야 영원히 지지마라
저녁에 지려거든 영영히 뜨지마라
매일이 천당과 지옥 오고가는 삶이라

---

13) "도야여년度夜如年"- 1597.09.17. 명량대첩에서 패한 왜구들이 이충무공에게 보복하려고 아산의 본가에 사무라이들을 보내 아들 면勉을 살해했단 비보를 접하고 충무공이 애통함에 식음을 전폐하고 난중일기亂中日記에 적은 한시의 마지막 24.25행으로 "밤을 지새움이 일 년만 같고, 하룻밤 지샘이 일 년을 보내는 것과 같구나"란 의미.

제 2절

고현천 사백어의 눈물

이슬 함께 피었다가 이슬 따라 가버린
철조망 기어오른 나팔꽃이 부러워
하루살이 한줌목숨 저승차사에 맡기고
는개비에 에움당한 생사의 살피길
외줄 타듯 곡예하던 세월이 두해라
천지가 통곡해도 어김없이 밤은 가고
새벽이 창을 여니 이승인가 저승인가
하늘을 찔러보고 땅을 짚고 엎드리니
오늘도 살아있음이 목 메이는 감사라

확장중인 식당공사 속곳바람 노력동원
나른한 오후나절 허리 펴고 둘러보니
영내를 감시하는 국방군 초소에서
유엔군이 경비하는 정문초소가 150미터
20미터마다
경비병이 '허리에총' 자세로 사주경계
매시간 중대장이 현장순찰 돌고가네

한나절 햇살이 오수에 꾸벅이고
세 번째 순찰에서 돌아서는 중대장
사람나서 한번 죽지 두 번 죽겠나
시멘트 반죽하던 오삽을 내던지고
중대장에게 달려가 발목을 붙들었네

"선상님 선상님
내쫌 살려 주시구래!
뼈가 삭고 피가 마르니
여기가 무간지옥無間地獄이 아니면
무시기 이보다더한 지옥이 있갓시오
오늘밤 사지가 찢겨 철조망에 널릴지
내일 밤 토막나 고현만을 떠돌지
하루살이 목숨 애간장지며 사느니
차라리 총을 쏴 해방시켜 주시구레
내 쫌 이놈에 생지옥에서
탈출시켜 주시구레!
그리 못 하겠거든 여기서 죽갓시오"

경계병들 일제히 켈빈총 자물쇠풀고
날 조준해 중대장의 사살명령 기다리는데
중대장 얼떨결에 정문을 가리키며
"쪼-기 연합군초소로 날래 튀어!" 하시네
중대장 지신 줄 안 경비병 총구들
경계 풀고 '허리에총'자세로 전환하는데
코앞의 정문초소는 왜 그리도 멀던지 -

정문초소 뛰어들자 되래놀란 초병들
일제히 총 겨누며 스탑!스탑! 외치네
두 손을 번쩍들고 외마디 비명처럼
주워들은 영어 한마디 "Help me!"
"Help me!" "Help me!"......
목숨이 담보된 단말마의 구조요청
두 명의 초병이 장갑차에 탑승시켜
경비대대 거쳐서 통역관 대동하고
연합군 사령부에 살육현장 고발하며
사체라도 깨끗하고 영혼이나 온전하게

차라리 이곳에서 죽고 싶다 애걸했네

오익현 선교사[14]와 교우들 온정으로
모처럼 연이틀 죽은 듯이 잠들었네
중무장한 연합군 장갑차 앞장세워
이웃막사 탈출한 포로들 함께 싣고
학살자 색출하는 작전에 협조하여
삼백이 훌쩍 넘는 야차夜叉들 가려내어
남한선호 반공포로 육지로 격리하니
공산군 위장심사라 연합군을 비방하네

부산소재 수용소 김해들판 도착하니
먼저 온 거제도 수용소막사 간부들
입구까지 나와서 잘 왔다 반겨주네
전염병보다 더 구린 인간의 탐욕들
여기에도 독버섯처럼 번지고 자라서

---

14) 오익현선교사 -증언자는 당시 거제도에서 포교활동을 하며 통역과 포로들을 돕는 외국선교사로 기억하고 있다. 여기서 증언자도 신앙을 받아들였다.

유엔군과 보급물자 대표교섭권 차지하려
포로끼리 암암리에 벌이는 서열암투

몇 주 먼저 도착해서
터를 잡은 터줏대감들 -
나중에 도착한 거제도 막장들(막사대장)
인민군시절 계급과 아름아름 지역선후배
물밑에서 벌이는 치열한 주도권싸움에
“자라보고 놀란 가슴 솥뚜껑보고 놀란다”고
또다시 폭동일까 유엔군은 맘 조이고 -

매 시간 연합군 측 방송에서는
북송을 원치 않는 모든 포로들
휴전까지 선진국에서 편히 머물다15)
군사재판 거쳐서 원하는 곳 보내준다더니
임시건물 판문점에 무더기로 부려놓고
소속 국 따져서 포로교환 하겠다네

---

15) 심사는 인도국이 중심으로 스위스나 스웨덴 등의 선진국에서 쉬었다 돌아올 거라 했다.

회담장에 들어누워 목숨으로 투쟁하니
공산군 대표들 어르고 달랜 회유작전

“사랑하는 부모형제 고향에 다 놔두고
너 혼자 잘살려고 중립국에 가려느냐
공화국에 돌아와 자애로우신 어버이
김일성 수령님품에 기꺼이 안기우시라”

테이블에 드러누운 반공포로 한목소리
“한번 속지 두 번 속냐?
너네들이나 수령 놈 품에서
잘 먹고 잘 입고 잘 살으시라!”
콧방귀 뀌는 포로들 냉정히 외면하네16)

목숨 걸고 자유진영 선택한 반공포로
오백 명씩 나누어서 영천에 수용하다

---

16) 1953.04.08. 양측이 자체적으로 결론을 내리지 못한 포로 중, 송환을 거부한 반공포로는 5,800명, 친공포로는 600명으로 이들은 중립국 인도군에 이첩하였다.

공동묘지에 급조된 상무대로 왔는데
어느 저녁 수런수런 입에서 입으로
전해오고 전해주는 이바구 비밀지령

“자정에 무조건 철조망을 넘어라
밖에서 국방군헌병이 도와줄 것이다”[17)]
숨죽이는 시간 흘러 자정에 이르니
안에서는 포로들 철조망 기어오르고
밖에서는 국방군헌병 철조망을 자르며
“빨리! 빨리! 유엔군에 들키면
우리 모두 콩알밥이얏!”

환우들도 같이 살자 죽을힘 다해서
탈출하는 동료옷깃 붙잡고 늘어져도
칠흑의 어둠은 동서남북이 어딘지
방호둑 넘어서 논밭을 내달리어
인분구덩이 쇠똥밭 밟고 죽기로 탈출해

---

17) 1953.06.18. 이승만대통령의 반공포로 석방으로 유엔군은 탈주포로가 27,312명이라고 발표.

인근 민가 문 두드려 평상복 바꿔입고
복숭아밭 지나면서 손길이 닿는 대로
설익은 복숭아 한주머니 챙겨 넣고
무조건 산그늘로 목숨 걸고 내달렸네

무등산 이십곡리 계곡 따라 화순에
화순에서 번득이는 기찻길 좇아서
밤을 도와 내달려 도착한 자유대한
통대나무 철사엮어 울타리 둘러친
춘양지서 찾아서 순경들과 밤 지새고
순경들이 태워준 열차타고 벌교로
벌교에서 버스타고 고흥에 도착하니
태극기 흔들며 학생들이 환영하네

그렇게들 자유 찾아 남한의 방방곡곡
낯선 땅에 뿔뿔이 흩어진 반공포로
그들이 바라는 소원은 단 한 가지
살아도 평화통일 죽어서도 평화통일
꼭 한번 고향 땅 밟고

죽고 싶은 염원 이라네

그들의 삶터에 그 바램 가득 담아
수용소서 배워 익힌 직업기술 밑천삼아
알몸으로 일궈낸 평화상회 평화양복점
평화이발소 평화양화점 ……
그들의 푼돈으로 설립한 은행까지
평화은행-
반쪽난 삼천리에 평화기원 넘쳐나도
매일 매순간 산설고 물설은 땅에서
하얀 피 흘리는 싸움은 계속되니
살아온 세월 모두가 그들의 무덤이네

네가 먼저 때렸다고 삿대질하고
서로가 이겼다며 우겨대는 민족상잔民族相殘
승자도 패자도 없이 포성만 잠이든
참혹한 이 역사 아시는가 모르시는가?
쉬임없이 땀 흘리던 무쇠솥은 녹슬고
인분통인가 상여였던가

빵끼통만 무심히 바람에 나뒹구는
거제도 포로수용소 늘어선 가건물들
철거가 시작되자 베일벗은 참상들

고향은 어찌 떠나 낯선 땅에 누우셨는가?
사랑하는 부모와 처자식 버려두고
무슨 연유로 무참히 죽어갔는가?
물을 이 대답할 이 찾을 수 없으니
삭풍에 밀려와 흩뿌려진 진눈깨비로
어이해 반도 끝 이곳까지 날아들어
막사주변 여기저기 암매장된 혼백들
설움에 하얗게 바랜 일천이백 구
이름을 빼앗긴 토막 난 백골들

아직도 빈 허공 바람처럼 맴돌다
봄이면 고현천 찾아 맑은물 조약돌에
영혼까지 투명하게 내비친 삶을 묻고
제 몸의 짠 눈물에 그리움 빨래하며
통한의 삶 접어갔을 사백어 사체들

하얗게 고현만으로 흘러드는 고현천

Ⅲ. 망부가亡婦哥

제 1절

바람아 구름아

"자~ 자~아 자이요 자이요!
얼라들은 집에가 엄마젖물고 놀아요
오시요 보이소 찍으시고 돈 묵어요!
돈 놓고 돈 묵기
누워서 콩떡 묵기
엎드려서 큰절 받기
총각놈 과부 따묵기
요런것을 놓치면 집에 가서 발등찍어!"

조석으로 찬바람나니 걸칠 옷 마뜩잖아
담배밭 일손들어 돌림밥에 풀칠하고
몇 푼씩 아껴 모은 품삯을 챙겨들고
과역면 오일장 세상구경 장 구경
사람구경 나섰다네
장꾼들 울담 친 곳
헤집고 들어가 뭔 굿인가 구경하니
야바위판 벌여놓고 건 입담이 한창일세

"요리 오고 저리 가고
저리 갔다 요리 오고……
찍어봐 눈 먼 돈잉께
돌고 돌아서 돌아뻔진 돈이랑께
눈꾸멍이 없어서 주인도 몰라봐
찍기만 헌다치면 전부가 내 돈잉께
먼첨 찍은 놈이 임자인 것이여!
아까는 할매가 오만 환을 따부렀어"
어느새 눈동자는 종지기를 쫓으며
가슴은 두근대고 손목이 움씰대네

"저거네 저거여 저기 저거!
눈에 뻔히 보이누만
저거 하나 못 찍어?"
십 환짜리 한 장 놓고
가운데 종지기 찍었지
십 환이 백 환 물고
백 환이 오백 환 무니

나간 정신은 제 집 찾아 돌아오고
달포 간 모은 구렁이알 같은 내 돈
팔백 환은 간 데 없이
주머니속 갈바람만 매웁기가 땡초라

갱편[18] 떼 준 십 환짜리 거지처럼 받아들고
난장에서 말아준 멸치국수 한 사발
마파람에 게 눈 감추듯 들이붓고서
먼지날린 신작로길 되짚어오는 발걸음
안갠가 구름속인가 저승보다 멀더라

상부지시 면面별로 너댓명씩 배정받아
이집 저집 돌려가며 순번 짜놓고
눈치코치 각설이 돌림밥 얻어먹네
그 짓도 한두번 귀신도 낯짝이 있지
차라리 삼시세끼 떳떳하게 밥 얻어먹는
군대나 들어가 고향가까이 머물면서

18) 갱편- 개평의 텟말. 노름판에서 남이 딴 돈을 거저 얻거나 딴 사람이 잃은 사람에게 약간 떼어주는 돈.

내일이 암담한 삶이나 의지할까

용산에서 징병심사 노무자 등급 받고
군산가서 신체검사 부등시다 돌아가라네
하늘아래 땅위에 그 어느 곳이라
이 몸뚱이 반겨줄 집 있어 돌아갈까?
고래등 같은 기와집이 있고
그리운 부모처자 기다리는 집 있건만
누구라서 이 길 막아 오도가도 못하는가?

대명천지 어디에도 갈 곳이 없어
첫발을 내디딘 곳이 고흥 땅이라
과역을 돌아들어 팔영산에 올라서니
산 아래 바닷가 그림같이 예쁜마을
삼백여 호 마씨들 모여 사는 남열리라
바닷가엔 몽돌들 파도를 희롱하고
울창한 방풍림은 마을을 품었어라

동네를 찾아들어 이장집 더부살이로

까막눈 이장님 마을잡무 도와주고
새벽마다 돌담길 어둠속에 익히면서
교회당 종지기로 신앙생활 침잠하니
가슴은 허전하나 위로되는 나날이네

언제인가 빈 영혼에 싹이 돋은 설레임
먼 곳을 응시하는 눈길이 하도 깊어
속내를 잴 수없는 습관인지 애수인지
도톰한 입술은 익어가는 자두요
내리뻗은 콧날은 접근조차 거부해도
조금은 도드라진 광대뼈가 이뻐라
조신한 몸가짐과 세련된 말솜씨에
신기루에 빠져드는 이방인의 설렘이여!

전도사님 맏딸로 가끔씩 세살박이
사내아이 업고서 부친 찾는 산드런여인
주일이면 사택에서 그 여인이 차려내는
정갈한 음식으로 전도사님과 겸상받는
까닭모를 두근거림은 말 못할 기쁨이라

교회의 잡다한 일 돌보며 성경 읽고
동네의 이곳저곳 보살피니 칭찬일세

전쟁에 남편 잃고 아이 업고 뱃길로
고향의 해산물 이고지고 여수오가는
맏딸이 가슴에 얹힌 전도사님 넌즈시
거금도 자택으로 가보라고 권하시네
천릿길 걷고 걸어 녹동항서 배타고
금진나루 내려서 산허리재 꼴딱넘어
바다를 끼고 돌아 오천교회 찾아드니
전도사님 사모님은 머슴이나 온줄 알아
뒷방에 잠자리차려 소 부리듯 일 부리네

몇 달이 흘렀을까 맏따님 들리더니
하룻밤 자고나서 아들만 떼어놓고
눈길한번 주지 않고 훌훌히 떠나가
일상의 정적만 흘러가는 시간 속에
뜬금없이 날아든 노무자 징집명령
소집장소 군산에는 상복입은 상주까지

영문도 모른 채 징집되어 왔다하네

부대편성 끝나자 대장이 나타나서
설명 없이 징집자들 해산하라 명령하니
오라면 와야하고 가라면 가야하는
불청객의 인간들 똥개훈련이었나
주린 배 움켜잡고 벌교역에 도착해
식당에서 바가지에다 얻어먹은 누룽지
동강면을 지나면서 아침한술 부탁하니
큰아들 생일이라 전도사님 반기네
정성얹어 차려낸 생일밥과 수정과
평생에 잊지못할 최고의 식사였네

오천으로 돌아와 또랑갓집 셋방얻어
선교사 구제밀가루로 찐빵을 쪄먹다
이웃에 나눠주니 맛있다며 팔라고 해
팔자에도 없는 찐빵장사 시작하는데
주인집 아주머니 입에 붙은 쌍욕에
야전침대 석유곤로 냄비두개 챙겨들고

집나와 이집 저집 옮겨 다니며
해산물채취 나무하기 교회건축 도우면서
동네사람 곱은시선 투명하게 견디었네

오륙년 세월이 훌쩍 지난 어느 가을
남열교회 전도사님 맏딸 함께 불러놓고
"내 딸은 하나님이 주신
나의 첫 열매인데
전쟁통에 지아비 잃고 젊은 처자가
어린아이 데리고 독거함이 마뜩찮으니
쌩대나뭇골 논 서마지기 하고
신작로 위 밭 삼백 평 떼어줄 터이니
두 사람 의지하며 믿음으로 잘 살아라"
손잡고 축복기도로 가정 세워 주시네

제 2절

새로운 삶의 시작

마을의 꼭대기 기어들고 기어나는
처 숭모 노부부집 행랑채 빌려서
벽채를 털어내고 얼기설기 댓가지 꽂아
창호지 발라서 붙박이창에 빛 들이고
대방고리 대나무석작 두어 개 포개니
누우면 윗목과 아랫목이 키를 재우는
손바닥만 한 방안에 이불 한 채 펼쳐놓고
외가에 맡겼던 여덟 살 아이 데려와
세 사람 한 가족 되어 소꿉살림 차렸네

혼인신고 하려하니 호적증이 필요해
신상적어 이북오도청에 발급신청 냈더니
어느 날 뜻밖에 날아온 편지 한 통
당숙이 내 신분 확인하는 살가운 소식
사촌 인배도 창경원 사육사로 일하고
먼 인척 몇 월남해 교류하며 산다네
낯설고 물설은 반도 끝 섬마을에

혈혈단신 떠밀려온 의지 없는 영혼에게
당숙의 편지 한 통 하늘나라 초대장이라

장정은 일 년에 쌀 열가마니 받는 새경[19]
모든 일이 손에 설익어 서투른 탓에
사정하여 다섯 가마니에 동촌마을 도균이네
머슴살이로 농사 일 바다 일 익히고
아내는 틈나는 대로 김 양식에 필요한
면장갑 발장 실 섬마을에 깔아놓고
김 나면 현물로 수금하는 장사하며
친정 일손 거드는 고난한 삶이었지

첫아들 낳아놓고 아이돌볼 사람 없어
취학 년한 넘은 아이 취학을 미루고
어린아이 맡겨두고 동분서주 좌충우돌 -
교회 앞 보리밭에 삼년 만에 터 닦고
용우네 세 칸짜리 행랑채 헐값에 사

---

19) 새경- 농어가에서 한 해 동안 일을 한 댓가로 머슴에게 주는 돈이나 물건.

뜯어다 맞추고 교회청년들 도움 받아
지붕엮어 용마름올려 비바람 막아놓고
깊은너디 덜밭에서 구들장 등짐하고
적대봉능선 넘나들며 홍룡마을 통나무져다
활톱으로 보름을 켜 마루깔아 준공하니
얼씨구나 남녘땅에 박인탁이 문패떳네

방질뱃놈 싼 똥은 개도 안 먹는다는데
봄이면 손바닥에 굳은살이 백이도록
물길을 거스르며 노젓는 방질배[20]타고
여름이면 등허물이 세 번 벗는 농사짓고
가을이면 해우발[21]설치 겨울이면 해우하기
남의 쪽배 얻어 타고
어둠 밝혀 물해우 뜯어
북서풍에 언 손 불며 노 저어 돌아와
새벽종 울리면 비틀거린 아이 앞장세워

---

20) 방질배- 동력선이 없던 당시, 목선으로 쌍노를 저어 그물끌며 물고기를 잡는 배.
21) 해우- 김(해태) 탯말

둥구리 목도매고 차례서서 해우 썰어
물멕여다 떠서 해뜨기 전 건장에 널고
고구마 몇 개 싸서 다시 바다로 나갔지

아이는 동생업고 마른해우 거두고
꼬막손이 불 때서 저녁밥 하는 삶에도
내 것이 없으면 굶어죽을 비윗살이라
죽더라도 남에게 아쉬운 소리 못해서
아내만 안팎으로 쉴 새 없이 나대야하니
하루라도 조용하게 지셀날이 없었네

"아이고 아이고 백년 내 웬수야!
어짜면 저리도 주변머리가 없으까 잉?
누구는 쇠낯바닥이라 아쉰소리 허고 사까?
어쩌자고 줄줄이 새끼들은 싸질러놓고
아이고 아이고 없는 것 칠랑께
나가 뒤져불소 뒤져뿌러!
지지리도 융통머리 없는 고징아!
이 고징아![22]

나 혼자 지옥갈랑께 이녁이나 천당가소!"
하루에도 열두 번씩 안볼 듯이 싸우며
미운정 고운정 쌓고 산 사람아!
산처럼 배가 불러 해우 뜨다가
들어가 애 낳고 누워있지도 못하고
벌겋게 녹아드는 물해우에 애가 타
풍선처럼 부은 몸 의지도 없는 한데서
생고드름 주렁주렁 살에는 해우물통에
손 담그고 해우 뜨는
그 아내 바라보고
숨죽이며 살얼음판 건너온 세월들

세월은 등 떠밀고 업둥이까지 칠남매
학비라도 보태리라 여름철 농한기에
서울 사는 친척에게 일자리 부탁해서
성북2동 성곽아래 한 평짜리 삯방 얻어
납작보리 정부미로 양은도시락 싸들고

---

22) 고징高澄- 고징하다의 어근으로 높고 맑다는 뜻

성북동성곽 복원공사 목도꾼 출근하다
돌에 찧어 오른손 장지가 으깨져도
못나오게 할까봐 신음조차 짓씹으며
북녘하늘 바래서서 눈물짓던 그해여름

이산가족 찾기로 한반도는 통곡마당
남북을 오가는 가족상봉 눈물바다
남쪽에 친인척 사는 사실이 알려지면
당 간부 찾아와 송금요청 통지하라
불쌍한 월남가족 들볶는단 소문에
고향등진 죄인이라 그리움도 등졌다네

해우 철엔 배추이파리 개가 물고 다니지만
삭풍한철 뼈를 얼려 일 년을 버텨내는
섬마을 사람들은 여름철엔 일이 없어
한정된 농지는 부르는 게 값이라
물려받은 전답 팔아 육지에 묻으니
동강면 병동에 논이 이십 마지기네

날마다 손 벌이는 애들 용돈 마련하려
겨울에는 섬에서 해우해서 돈 만지고
농번기엔 육지 나와 쌀농사를 지으며
아내의 뜻 좇아서 그럭저럭 살다보니
어느새 백발 내려 일손이 버겁네
그래도 큰애 덕에 이순耳順에는 난생처음
마을이 들썩거린 축복받은 회갑상에
삼십여 년 못가고 미뤄뒀던 신혼여행
아내와 제주도를 파타야를 가봤다네

혈혈단신 셀 수없는 죽음의 강 건너서
한 가족 일구어 자녀들 장성하고
힘겨운 농사도 양식업도 정리하여
광주시로 이사해 축복의 삶 감사하며
자녀들 고임 받고 태평스레 살 즈음
섣달그믐 동내욕탕 목욕나간 김권사
탕바닥에 미끄러져 대퇴부 골절되어
십년을 휠체어에 곡진한 삶 얹어 살다
팔월의 불볕아래 망구望九의 삶 접었다네

그님을 보내고도 십 수 년이 지나가네
휠체어에 앉아서도 쫑알대던 잔소리
불현듯 생각나면 잠든 곳 찾아가서
무성한 풀 뜯으며 망부가 불렀거늘
지금은 노치원 도래솔로 못 박혀
찾아보고 안부조차 묻지를 못하오

아웅다웅 우리 그늘에 칠남매 잘 자라
목사가 셋이요 박사가 셋이요
장로요 권사들로 이만하면 잘 살았잖소
지나간 세월이 바람만 같아서
모든 것이 은혜요 감사한 것뿐이나
돌아보니 당신의 땀과 기도 덕분이었소
내 세월도 아흔에 넷을 더하니
당신이 기다리는 천성길 수이가려오

하나의 지체가 두 하늘을 이고
살아가는 영혼은 서럽고 외로웠소

잊어도 한 번도 잊은 적이 없는
살았어도 한순간도 내 삶이 아니었던
혼자서는 날지 못한 비익조의 서글픔
행복해서 행복할 수 없었던
내 영혼의 부채!
내안에 사는 또 다른 나의 속울음이요
내 것이나 내 것이 아닌 울음이기에
곡비哭婢의 눈물은 마를 날이 없었다오

이 땅의 열매인 아들아 내 딸들아
요령 없는 아비만나 서럽게 자랐지만
지금은 축복 속에 감사하며 살만하니
동강의 집 팔은 노후자금 장기적금
많다면 많을 거고 작다면 작은 돈
그 돈은 통일되면 생사를 알길 없는
고향에 두고 온 두 딸
복식이 복순이 찾아
안아주지 못하고 떠나온 아비라고
아비대신 용서빌고 전해주기 바라네

여보! 김권사!
한세월 살 맞대고 서투른 삶 살면서
미운정 고운정 쌓았던 사람아!
돌아보니 지나온 길이 전부
안개개핀 어두운 가시밭이었소
그래도 함께 걸은 발자국이 아름답네요
같이해 온 세월은 축복의 통로였소
그대가 동행이어서 다행이라 말하리다
고맙소 부족한 나와 함께 해온 날들이

Ⅳ。 또 다른 나에게 쓰는 편지

제 1절

어머니여! 내 아내여!

달 없는 그믐밤은 유난히도 어두웠지
간간이 울어대는 부엉이 울음소리
너댓살 여린소년 머리끄덩이 잡아채
먹지 빛 하늘로 한정없이 올라가니
숨조차 쉴 수 없는 무섬증에 아이는
엄마치마폭 깊숙이 얼굴을 묻었다네

석삼년 한결같이 보름밤 그믐밤마다
목욕 후 옷 갈아입혀 집 나서는 길
엄마는 대나무석작 머리에 받쳐 이고
한손은 간솔불 휘젓어 밤길을 잡고
한손은 꽉 잡은 내손에 더 힘을 주며
“인탁아 무섭긴 뭐가 그리 무섭다니
부엉이도 반갑다고 인탁인탁 하잖니?
오늘밤 신령님이 금지옥엽 내 아들에게
복에 복을 더해서 만복을 주실기니!”

엄마는 금시라도 울음보가 터질 듯한
내마음 거울 보듯 꿰뚫고 달래시며
그림산 골짝길을 무연하게 걸으셨지
물소리 자장가삼아 계곡은 잠들고
잔별만 빼곡한 물가에 놋단지 걸어
솔방울 주워모아 삼세번 공양짓고
거목 밑 평석에 지은공양 올려놓고
공양에 향불 꽂아 날 불러 앉히고
손바닥 세 번 쳐서 만신을 깨우며
머리 숙여 합장한 치성소리 간곡하네

"옥황상제님!
산신령님!
산짐승님!
들짐승님!
날짐승님!
이 년 정성 어여삐 받으시사
이 공양 모두모두 맛나게 잡수시고
삼대독자 내 아들 박인탁이 지켜줍서

궂은일일랑 죄다가 이 년에게 줍시옵고
돌림병 속병 부상에서 비켜서게 합시며
사는 동안 천수를 다 누리게 하시어
자자손손 복을 내려 쌓을 곳 없게 해줍시서!
비나이다 비나이다
옥황상제님 천신 만신께 비나이다 ......"

곡진한 기도소리 부엉이도 손 모았지
양덕에서 칠십리 온천역서 이십릿길
고조부는 왜정 때 평양서平壤署 순사부장
온천면 하천리 거들먹한 만석꾼
장대 같은 머슴만도 댓이나 득시글한
할아버지 기침소리 쩡쩡한 대청마루
아버지는 대처에서 만물상 경영하며
소실을 두고서 딸 하나에 아들이 둘

대쪽같은 시부모에 대갓집살림 챙겨도
서방님 눈에 나고 시앗에게 무시당한
멍울진 가슴에는 눈물뿐인 내 어머니

두 누이 다음으로 태어난 삼대독자
엄마에게 내존재 생명보다 소중해서
한밤의 산길도 산짐승도 하찮았던
간절한 그 기도소리 나 이제야 알겠네

열세 살에 열여덟 손덕산과 혼인하고
솔서로 들어가 고임 받고 자랐었네
지금은 기억조차 바래버린 아내 모습
철없어도 서방이라 밖에서 놀다오면
정짓문 빼꼼열고 손목 까불어 불러들여
겅중겅중 부엌으로 뛰어들어 가노라면
앞치마로 얼굴 닦고 손 씻겨 내보내며
긁어모아둔 누렇게 잘 누린 누룽지
저고리 양 주머니에 두둑하게 담아줬지

어느 초봄 부엌에서 물 뎁혀 떼밀다가
고추를 만졌다고 아내에게 발길질하고
징징대며 뛰쳐나가 온 집안 왯소리질 해
조부조모 시어미 머슴들까지 뛰어나와

박장대소 낄낄대는 농담에 볼 붉히며
부엌에서 아내홀로 무안해서 울게 했던
사랑이 뭔지도 모르는 철부지
서방이 뭔지도 몰랐던 망나니

짓궂은 장난도 가슴으로 받아주고
하늘같은 서방이라 포근히 싸안으며
감자 삶아 짓찧은 자리끼 감자떡
볶은콩 군감자를 눈웃음으로 내놓던
누이처럼 다감했던 아내여 내 아내여!
엄마처럼 친구처럼 살가웠던 여인이여!
찔레순처럼 여리고 순진했던 내 아내여!

짧은 삶 사는 동안 단 한번 빈말이래도
사랑한다 다독여준 기억조차 없지만
유체를 이탈한 두 영혼의 싸움장에서
현실에 낙담하여 희망을 잃을 때나
비겁하게 도망치려는 영혼의 눈짓에도
기억의 건너에서 순간도 떠나지 않고

내 안에서 단 한 번도
죽은 적이 없었던 가련한 사람아!
그대도 뒤척이는 이른 새벽 저 그믐달
나와 함께 바라보며 내 생각 하시는가?

대청에 누우면 대들보에 1930년
선연한 먹 자국 아직도 또렷하고
ㅁ자형 기와집 옆 외양간 구시통엔
황소 칡소 대여섯 마리 사시사철 언제나
여물 씹고 되새김하는 워낭소리 드맑고
곡간엔 소불알만한 자물통 저 혼자 졸던 곳
내 태단지 묻었다는 고향집 장독대엔
채송화 봉숭아꽃 흐들지게 피었겠다

낯선 삶 물안개로 눈시울에 개피면
그리움이 되새김한 시간이 한 백년
산다는 건 언젠가 깨어질 유리그릇
종착지는 어딘지 내 선 자리 또 어딘지
내일은 무슨 일이 기다릴지 알 수 없어

천국지옥 담장 위를 위태로이 걸으며
길 위에 목숨을 얹고 영원이라 살았네

제 2절

눈물은 너무 무거워

해방이 됐다더니 또 다른 구속이네
노란완장 쫓겨간자리 핏빛완장 어지럽고
어제의 머슴들이 오늘은 상전이라
김일성대학 청천강수로 노력동원 끌려갔다
해방이 되었다고 내 집 찾아 돌아오니
행랑채 머슴삼촌 하나둘 다 나가고
대갓집 안팍에는 팔로군이 진을 쳐
주객이 전도되니 집주인은 종일세

방에도 못 들어가니 두 딸도 못보고
돌아서서 말없이 먼산치며 흔들리는
왜소한 어깨한번 안아주지 못한 채
부엌에서 무덤덤히 이별했던 아내 하며
집 나서니 동구밖까지 따라나선 어머니
청천강수로 인력동원 나갔다 돌아오듯
김일성대학 노력동원 나갔다 돌아오듯
몇 달 후엔 돌아와 응당 만날 사람처럼

뒤돌아보지 않고 떠나온 길이 마지막이라
기억들 매듭 매듭에 시간이 꿰어질수록
또렷이 가슴팍에 멧돌짝으로 걸려있어
작달비에 젖은 줄을 그때는 왜 몰랐을까?

이산가족 찾기에 한반도는 눈물강되고
같이 울고 함께 웃던 시간도 잦아드니
이산가족 등록하고 가족상봉 한다는데
행여나 부르죠아 반동분자라 괄시할까
두 번 다시 아픈상처 들쑤시기 신둥져서
하루에도 열두 번씩 요망떨던 마음들만
삭풍에 고드름인양 투명하게 자라네

이제는 휠체어에 윤기 삭은 육신 얹고
더듬다만 기억조차 따라잡질 못해서
가슴에 화인박힌 흔적만 어루다가
성경책 표지에 꽂힌 적금통장 쓰다듬네
용돈 한 푼 준적 없는 복식이 복순이
서방이라 찬값 한 푼 쥐어준 적 없었기에

여태껏 눈 딱 감고 없는 듯 지녀온 돈
참회의 고백으로 살아생전 이 손으로
두고 온 그들 손에 쥐어주고 싶은데
한번쯤은 서방노릇 맵자하게 하고픈데
한번쯤은 아비노릇 의젓하게 하고픈데
부르죠아 월남한 반동분자 가족들은
강제로 이주시켜 간곳을 모른다니
내 하늘은 언제나 비좁기만 했었네
내 바다는 언제나 핏빛노을 뿐이었네

숨막히는 이 하늘 들끓는 이 바다에
뉘라서 유리장벽 저리 높이 쌓았을꼬?
새들은 넘나들고 물고기도 오가는데
나만이 넘지 못해 오늘도 애만 타네
"난 영웅을 원하지 않아요
함께 늙어갈 남자를 원해요!"23)
"사랑의 거짓말엔 하나님도 웃는다"24)는데

---

23) 영화 『트로이』에서 헬레네가 싸움에 패한 파리스에게 한 대사.
24) 셰익스피어 작. 『로미오와 줄리엣』에서 줄리엣의 대사

이 작은 여인의 가난한 마음한번
진실되이 그득하게 어르지 못해서
한평생 죄인으로 용서를 비는 기도
그림산 치성소리 켜켜이 덧께져서
앙상한 가슴에 들불로 번져가네
그리움의 '눈물이 너무나 무거워서'[25)]
석양의 산그리메도 비틀거린 춘삼월

---

25) 신철규, 『지구만큼 슬펐다고 한다』, 「눈물의 중력」, 문학동네, 원용.

V. 검은부리저어새의 노래

제 1절
이 땅에 내가 누울 곳이 있었던가?

생명의 향유란 아름다운 특권이지
인간에게 주어진 그 특권을 짓밟고
순간을 영원으로 에둘러 이끌고 간
내 생의 환승역인 통한의 한국전쟁
피아간 전사자 일백만을 훌쩍 넘고
타투로 몸에 새긴 부상자가 삼백만
한 많은 이산가족 일천만을 웃도는
승자도 패자도 없는 결말 없는 살인극

슬픔은 지워지거나 사라지진 않는다네
그것들은 오롯이 견디어낼 뿐이라지
"전능자는 인간에게 싸움을 가르치고
싸우는 이유는 가르쳐주지 않았다"네26)
신들은 검투사의 죽음을 즐기듯
넥타르를 마시며 관전하기 때문이지
승리했다 우기며 '전승절' 사열하고

26) 영화 『트로이』에서 아킬레우스가 여제 브리세이스에게 한 대사.

"상기하자 6.25" 기념하는 광대들
피의 강 범람하고 평화통일 요원한데
빛바랜 이데올로기 찬양소리 드높네

사람의 향기는 진흙탕에 나뒹굴고
방방곳곳 흑백논리 시궁창을 메꾸는 땅
까닭도 모른 채 남북으로 나뉘어
형이 아우에게 아우가 형에게
위정자가 국민에게 국민이 위정자에게
국민이 국민에게 아비가 자식에게
총부리를 겨누고 침 뱉고 질시하는
살았으나 죽었고 죽었으나 살아서
사체의 썩은 냄새 진동하는 저주의 땅

초점 잃은 사체들의 차가운 눈동자엔
소리 없는 포성의 맥놀이만 번지고
산하에 밴 붉은 선혈 잿빛으로 바래가
술잔에 뜬 하루살이 젓가락으로 능치듯
나를 버려 전부를 잃은 휘청거린 군상들

아직도 산하에서 백화하는 14만 젊음
이름 없는 이들은 누구의 형제였을까?
누구의 사랑하는 아들이요 남편일까?
그 누가 기다린 그리운 아비일까?
뉘라서 이 산하를 목숨버려 지켰던가?

봇물처럼 밀려드는 붉은군대 육 사단
춘천·홍천 길목에서 열 명의 특공대
제 몸을 산화하여 남침의 발목잡고
함정한척 없는 해군 어디에 있겠나
수병들 노루꼬리 월급 쪼개 보태고
제독의 부인네들 앞장서 절약하며
삯바느질 바자회 좀도리쌀 모아서
모금한 돈으로 하와이 가 퇴역함 사고
괌에서 3인치포탄 일백 발 사서 귀국하다
전쟁발발 다음날 밤 대한해협서 맞닥뜨린
무장군인 가득 실은 정체불명 괴 함정

함포 한 발 못 쏴본 백두산호 대한해군

한 몸 되어 싸우며 바닥난 포탄으로
적함을 명중시켜 괴 함정 수장시키니
하늘의 돌보심이라 대한민국 구했네
숨지는 순간에도 전황 묻는 용사들
적함을 침몰시킨 승전보 전해주자
웃으며 죽어갔다는 이순신의 후예들
미쳐서 싸우고 제정신에 죽어갔네

피로써 피를 씻은 참담한 전쟁은
산자나 죽은 자나 무한 빚을 남기느니
고도로 훈련된 북한침투조 육백 명 싣고
부산항에 상륙해 남쪽교두보 확보하여
항만시설 파괴하고 남노당과 합세해
위에서 처 내리고 아래서 쳐올리는
양동작전 펼치려던 소련군사고문단 작전계획
괴멸시킨 대한해협해전 잊어서는 안 되지27)

27) 대한해협해전 : 6.25 첫 해전으로 퇴역한 백두산호의 마스코트만 현재 진해해군사관학교에 전시되어 그 얼을 기리고 있다.

누구는 오늘이 그냥 와준 거라네
오늘은 절대로 거저 온 게 아니야
너와 내가 숨 쉬는 이 하루는
누군가의 소중한 목숨과 바꾼거야
그리고 다시금 내 피눈물을 마시려
악착같은 흡혈귀처럼 어둠을 삼키지
오늘은 그냥 온 것이 아니야
눈물과 피의 강을 건너서
고통을 마시며 찾아온 선물인거야

지구의 반대편을 흔드는 포성이
비단폭을 찢는 미사일의 비음이
어제 일만 같아서 피는 역류하고
오장은 오그라붙어 안절부절못하니
평생에 고치지 못할 고질병 되어
오늘도 뒤척이며 밤잠을 설치네

"소련 놈에 속지 말고
미국 놈들 믿지마라

일본 놈들 일어난다
조선 놈들 조심해라"
뉘라서 이 전쟁을 끝났다고 하는가?
매일 매순간이 죽이고 죽어가는
삼천리 산하는 끝 모를 전쟁터요
하얀 피 홍수 진 이념의 강인 것을
누구를 미워할까 누구를 원망하랴
별보다 드높은 인간의 욕망 앞에
살아온 세월 모두 내 무덤인 것을
내 민족 내 조국땅에 잠들 곳이 없구나

제 2절

이 눈물, 이 그리움 얼마를 더하랴?

잠시 여우고 갈 소낙비인줄 알아
금방 돌아와 재회할 것 같았던 길이
다시는 돌아가지 못할 금단의 길이 되어
셀 수 없는 죽음의 늪 건너고 넘어서
이제는 내 연한이 아흔에 넷을 더하여
휠체어에 몸을 싣고 내 의지 꺾이니
젊은이는 죽었고 늙은이는 꿈을 꾸네
그리움도 소망도 두려움도 퇴색하니
저녁안개 둘렸는지 내 눈을 감은 건지
어둠내린 만상에는 내 모습만 선연해
여기까지 끌고 온 세월만 펄럭이네

생명이 깨어날 때 우주가 깨어났고
생명이 돌아갈 때 우주도 돌아간다지
인천광역시 옹진군 연평면 연평리
산18번지 인간의 탐욕이 질식한 곳
특정도서 제233호 구지도求地島 작은 섬

이곳에는 올 봄도 우주가 깨어나고
저어새 둥우리엔 새 생명이 눈을 뜨네

“누가 바람을 붙들어 하늘을 결박했더냐
누가 품을 수 없는 바다에 금을 긋었다더냐
투명한 금줄에 묶인 나그네만 망연하다

지구별에 마지막 남은 이천칠백 마리 검은부리저어새
그들의 원초적 본능은 장마 전 서둘러
남녘땅 구지도에 둥지를 틀고
NLL을 넘어
북녘 시오릿길 황해도 평안도 그 찰진
검은 갯벌 넘나들며 새끼를 치는 거라지

그 새끼들 눈을 뜨고
바람의 냄새
처음 본 성체成體
처음 듣는 소리 각인하여
제 고향 삼고서

일평생 제 어미 아비로 따른다지

혓바늘 일어 꽁보리밥 넘기지 못한 아들에게
“밥죽에 돌이 백혔는 갑다”
무쇠솥 나물풋대죽 휘휘젓던 까만 나무주걱
가장자리 무쇠칼로 득득 긁어내며
박힌 돌 뽑아내던 내 어머니
그 주걱 닮은 주둥이로 북녘갯벌 휘젓다가
흰 날개 유려히 지 맘대로 금줄을 넘나든다

저어새로 날개를 펼치고 싶은 날
깨금발로 잡힐 수 있을 것 같은 저 뭍이
초저녁 샛별보다 멀고도 멀어서
눈에만 함뿍담고 오늘도 돌아선다
오천년, 내 커넥톰[28] 깊숙이 각인된
하늘 땅 초목에 이는 울음소리 바람소리
어제처럼 오늘도 술렁이는데

---

28) 커넥톰connectome - 뇌신경 세포의 연결을 종합적으로 표현한 뇌지도

이 사랑 이 아픔
여기서 또 얼마를 더해야 할거나"29)

미물조차 사랑하고 생명을 잉태하여
지 낳은 부모를 각인해서 따르고
제 새끼 보살펴 거두고 먹이는데
미물보다 못해서 부끄러운 나그네는
오늘도 바람의 쇠사슬에 결박되어
온종일 독수리에 제 간을 내어주는
카프카스 바위산이 도리어 부러운
고통의 세월을 톺아본지 칠십년
이 아픔 이 그리움 얼마를 더하랴

안 봐도 못 들어도 일평생 각인되어
매시간 지우려 해도 지울 수 없었던
내 안의 또 하나 통곡하는 아픈 영혼
가슴에 바윗돌 내려놓고 싶은데

---

29) 천창우 시, 「이 사랑 이 아픔 얼마를 더하랴」 전문, 『DMZ, 시인들의 메시지』, 한국시인협회 엮음, 문학세계사, 2015, p278.

비굴한 거짓눈물 용암에 불사르고
피떡진 기억들 눌어붙은 그리움들
전복껍데기로 드윽득 긁어내고 싶은데
잡아도 잡히지 않는 그림자를 어쩌랴

동구 밖 당산나무아래 밀짚멍석 깔아놓고
초록잎새 헤집어드는 반짝이는 햇살꿰어
주렴으로 엮어서 상처뿐인 기억 창에
드맑게 울리라고 달아주고 싶은데
못다 한 말 노래되어 부르게 하고픈데
손 내밀면 잡힐 것 같은
저 뭍이 하도 멀어
부르는 너에 이름 기진해 수장하니
오늘도 절망 속에 그리움만 껴안네

벼랑끝의 절망을 알지 못한 사람은
눈물이 짠 이유를 알지도 못 한다지
파도는 부서지려 일어나 달려가고
포말로 흩어져 기진해 돌아와도

또다시 등 떠미는 파랑이 있기에
허락된 하늘 이고 다시 서 깨어지며
포기할 수 없는 희망에 목이 쉰다지

한 개의 하늘이 두 쪽이 나는 날
두 쪽의 하늘이 한 하늘 되는 날
기억들 되새김하며 우뢰로 울리라
내가 너를 못 잊어하고
네가 나를 기억할 때 쯤
우리 함께 웃으며 얼싸안고 울어보자

가슴뼈에 바람을 새겨 걷는 오솔길
해파이스토스 그물 넘어 새처럼 오가며
너와 내가 우리로 깨꽃처럼 웃어보자
태극기가 펄럭여도 인공기가 펄럭여도
묵묵히 땅 일구며 삶을 가꾼 흰옷무리
어느 누구 그들에게 총구를 들이미랴

아파야지!

더욱더 못 견디게 아파야만 해
통증이 깊을수록 상처는 건강하고
심장이 피 흘릴 때 존재를 깨닫듯이
현실이 빼앗아간 그리움을 찾아서
나를 버려 너를 얻은
세상은 그래도 아름다웠다 말하리라

산다는 건 바람한번 스쳐지나가는 것
들꽃하나 피었다 시들고 마는 이치
알면서도 한세월 앙가슴에 녹슬은
가시철망 둘러치고 고슴도치로 살았네
무엇을 찾으려고 질주해 왔는가
무엇을 얻으려는 고달픈 여정이었나
목숨을 빚진 자는 목숨으로 갚으라
시간을 빚진 자는 영혼을 팔 일이다

고통은 산자만이 누리는 축복이니
그래서 흘러간 시간은 고마우니
내 안에 열여덟 산드러진 아내는

영원한 젊음으로 미소를 띠우며
빛바랜 기억들이 뇌수를 휘젓고-

두 영혼의 메두사 등에
제 삶을 얹은 김권사
갯바위처럼 버티고 서서 회색갯펄 휘저으며
둥지틀어 일곱 남매 함께 기른 동반자
아직도 가슴에 끓는 식지 않는 기억들

홑겹 육신이 두 겹 영혼에서 웃고 울어
오늘도 그리워하며 살아감에 감사하고
사는 날 두 번 다시
그리운 이름들 부르지 못해
죽을 수 있어서 아름다운
이승의 단애에서 천국을 소망하며
못다 부른 이름들 저녁놀에 채색하다
목이 쉰 기도소리만 서산마루 넘는 날

VI。 우리는 저마다 한권의 책을 쓰고 간다

우리는 저마다 한권의 책을 쓰고 간다

"건너가세 건너가세
저 요단강 건너가세
먼저 떠나 그곳에 간
사랑하는 친구들
만나보자 만나보자
그날아침 저 천국 문에서"30)

요단강 건너가 영원한 나라에서
자나 깨나 한 번도 잊은 적 없었던
조부 조모 어메 아베
만나 뵙고 엎드려 큰절을 올린 후
먼저 간 김권사도 반갑게 재회하고
살아생전 꿈에라도 만나보고 싶어서
바람에 소식을 묻던 손덕산이 보고지고
여지껏 서방노릇 애비노릇 못해본
그리운 두 아내여 보고픈 두 딸이여!

---

30) 새찬송가 243장 원용.

강산이 변해서 아홉 번을 넘겼어도
질기고 질긴 것이 그리움이라서
수만리 떨어져도 눈앞에 선연히
다가서는 모습은 고향의 산하요
눈을 꼬-옥 감아도 보이는 것은
떼어놓고 떠나온 부모처자이어라
잠들어도 꿈결처럼 들리는 목소리
도랫상에 피어나는 따사로운 웃음소리
산다는 것들의 꽃망울은 그리움이려니

우뢰처럼 이름 불러 앙가슴에 쓸어안고
한평생 멍에 씌운 반동가족 반동분자
나 때문에 받은 고초 사죄하고 사죄하니
얼씨구나 둥기둥실 그 옛날로 돌아가
초목이 춤을 추고 온가족 웃음꽃 핀
이별 없고 눈물 없고 다시는 전쟁 없는
이곳이 천국이라 나 기쁘게 돌아가네

돌아보니 산다는 것이

철없는 아이들 소꿉놀이만 같아서
아침에 혼례식한 신랑도 각시도
종일토록 벽돌 빻아 차려놓은 밥상도
붉게타는 저녁노을 몰려드는 어스름에
덧없는 흔적으로 덩그머니 남겨둔 채
옷섶 툭툭 털고 미련 없이 일어나
부모님 기다리는 보금자리 찾아들지

온 누리가 새하얀 폭설로 잠이든
임인壬寅년 섣달 스므이튿 날이라
세상은 바위 같은 침묵에 갇혔는데
광주광역시 동구 학동 금호장례식장
주차장에 발 묶인 차량들 지붕에는
삼일동안 내린 폭설 제 키보다 높이 쌓여
여기가 공동묘진가 지난세월 지워버리네

주차장 언저리 하늘바라기 멀구슬나무
도톰한 수의壽衣에 쪼랑쪼랑한 자손들
솜이불에 감싸서 다독다독 잠재우다

그리움은 눈처럼 스러지는 게 아니라
몸으로 영혼으로 견뎌온 것뿐이라며
하얗게 바랜 기억 살피 없는 인연들
아쉬워 아쉬워서 손을 놓지 못하고
가슴에 얽힌 이야기 조곤조곤 들려주네

삶이라는 목적이 생존은 아니었어
무얼 위한 삶인지 그것이 소중하지
삶이란 거
그거 별로 어려운 거 아니었어
소꿉놀이로 만나서 새삼스레 헤어지고
사랑하고 미워하며
원망하고 그리워하면서
해가 아침이면 저절로 떠오르듯
해지고 노을지면 저절로 저물듯
흐르는 시간에 떠밀리어 사는 거
그래서 -
피비린내 속에서 돌아온 생존보다
더 어렵고 서러운 시간들이 삶이었어

산다는 건 생존이 아닌
만나고 헤어지는 소꿉놀이 삶이여!

사람답게 산다는 게 어찌 그리 어려운지
먹고플 때 먹고 자고플 때 자고
사랑하고 사랑받고 욕심 없이 사는 것
그것이 자유요 삶이라고 믿기에
이념이나 자유민주 고상한 말 모르겠네
바라던 삶을 찾아 단 하나의 목숨 걸고
사랑하는 부모 품 다정한 아내 품
토끼 같은 자식곁을 떠나온 고향인 걸
밤낮을 치를 떨며 서로를 감시하고
칠흑 같은 어둠을 삼켜온 시간들이
살았으나 결단코 산 것은 아니었네
죽었으나 절대로 죽지 않는 시간이네
죽음이 자유라면 그 죽음 사랑하리

세상에서 가장 아픈 고문이 있다하면
내일은 오늘보다 나을거라는 희망이지

살아도 산 것은 아니었어
살았으나 죽은 삶
죽기에 웃을 수 있는 삶
사는 날 나는 누굴 위해 울었던가?
용암처럼 가슴에 펄펄 끓는 눈물들
누구 때문에 흘려야했는가
누구를 위해 흘려야만 했던가?

왜 울어야 하는 줄도 모르면서
한 세상 그리워 울면서 살았네
한 평생 서러워 남몰래 눈물훔쳤네
어느 하루 한 순간도 나만을 위해서
가슴 후련히 울어본 적 있었는가?
나를 밀고 온 망백望百의 세월이여!
눈시울이 젖어드는 그리움 곁에 두고
뼈가 삭는 서러움 가슴에 보듬으며
두발 뻗어 번개처럼 천둥처럼 외치며
세상을 흔들고 울어본 적 있었던가?
눈물은 결단코 마르지 않는다네

슬픔은 바래거나 삭혀지지 않는다네
오로지 뼈무덤 쌓고 살을 녹여 덮을뿐

천하보다 귀한생명 켜켜이 쌓아올려
남은자의 눈물 하수처럼 흘려보낸
이념과 탐욕의 드높은 분단선엔
아직도 변함없이 화약연기 자욱하고
새삼스런 이념전쟁 삼천리가 전율하니
가엾은 민초들은 목자잃은 양무리라
무슨 죄 그리 깊어 울지도 못했는가
이제라도 넋놓아 가슴울혈 토해내어
곡비 아닌 내 설움 울고자 하노니
하늘이여 내 소원 귀 기울여 주소서!

소낙비로 잠시동안 여위어 갈 줄 알아서
안녕이란 안부마저 두고 떠나 왔는데
내 평생 오갈 수 없는 금단의 장벽만
이 가슴에 대못으로 깊숙이 박혀있어
숫눈길 발자국 좇아 고향 찾는 꿈들만

맑은 개울물에 존재 흔적 흘려놓고
흐르는 여울물에 몸 누이는 사백어로
밀물지면 흔적 없이 지워질 모래톱에
혼자만 부르던 이름 할 일 없이 끄적이네

철모르던 시절에
사랑이 뭔지도 몰랐던 열세살적에
왜 못했을까 왜 말을 못했을까?
가슴에 낙엽처럼 나뒹구는 언어들
이렇게 흔하디흔한 돈 들지 않는 말들
그때는 한마디도 해주지 못했을까?
"어머니 잘 계세요!"
"사랑해요 당신!"
그 말만이라도 해주고 떠나왔으면
이렇게 그립지 않을 것을 -
그렇게도 서럽지 않았을 것을 -

고난한 내 생에 달려갈 길 끝내고
노치원 나와서 큰딸 집 침대에서

칠남매 기도와 찬송 속에 묻히어
거즈에 적셔서 갈라진 입술 축여주는
며늘아이 사랑이 흘러드는 시원한 물
고개들어 꿀보다 달게 받아 넘기며
이제는 이별 없는 생을 찾아 떠나가네
이 세상 오욕칠정 덮어버린 숫눈길에
내 삶의 발자국 내 이름자 또 지우며
영원한 자유인으로 나 이제 돌아가네

내 삶에 주인공인 내 울음은 없었네
내가 나인 삶은 단 하루도 없었다네
저항할 수 없는 소용돌이에 휩쓸려
휘청거린 피라미의 의미없는 기록처럼
어둠이 밀어올린 풀꽃으로 살아오며
아름다움도 향기로움도 풀잎인 듯 지켜보다
한평생 넋이 나간 서사만을 읊었다네
지금은 누구를 위해 울었는지도 망각한
곡비의 울음은 이제 그만 그치게 하시고
빈손으로 돌아가는 나그네에게 웃음을 주소서

오호라!
내 삶으로 어찌 너의 탐욕에 울었고
하필이면 네 권력에 피흘려야 했는가?
이제는 돌아가서 나의 울음 울리니
내 슬픔에 울고 내 그리움에 울리라
이제 내 영혼아!
곡비哭婢의 눈물은 그만 그치라!
한평생 하나의 몸짓에 홀로 울었어도
두 영혼이 흐느끼는 그리움의 서사였다
우리는 저마다 한권의 책을 쓰고 간다네
내 한살이 온몸으로 완성한 이야기
그 서사 피와 눈물로 기록하고 남기네

|해설|

왜 이리 아픈가? 왜 이리 그리운가?

- 시의 본질에 대한 슬프고 아름다운 두 질문

곽재구/시인

1

강을 따라 걷습니다.

가을 햇살 물 위에 반짝입니다. 강의 이름은 옥천입니다. 며칠 전 일이에요. 강에서 하얀 셔츠와 껌정 바지를 입은 외국인 선교사 둘을 만났습니다. 이십 대 중반일 것 같군요. 어린 시절 기억이 납니다. 동네에 선교사들이 들어오는 날이면 동네 꼬맹이들은 모두 기뻐했지요. 연필도 주고 사탕도 주고 입에서 녹여 먹을 수 있는 우유 조각도 주었습니다. 6.25의 포연이 멈추고 얼마지 않아 마을에는 끼니를 제대로 챙겨 먹는 이가 드물었지요. 그들은 어린 우리에게 예수와 성경 이야기를 들려주었고 크리스마스에는 교회에 초대해 선물도 주었습니다. 깨끗했고 보기 좋았지요. 선교사 중 한 친구가 내게 말을 걸었습니다.

안녕하세요? 모자가 멋집니다.
한국말 잘 하시네요. 이 모자 이름 아세요?
잘 몰라요.
밀짚모자에요 한국에 산 지 얼마 되었어요?
1년 반 되었습니다.

사소한 우연이 사람 사이를 흐르는 강물 위에 다리를 놓아줄 때가 있습니다. 1년 반 만에 이렇게 한국어를 잘 할 수 있나요? 물으니 사람들과 얘기하는 게 좋아요, 라는 답이 돌아왔지요. 나도 1년 반 동안 외국 생활을 한 적 있습니다. 인도의 산티니케탄, 시성 타고르가 벵갈어로 시를 쓰고 작은 학교를 만들어 원주민 아이들이 자연 속에서 시를 쓰고 세상을 만나게 한 곳이지요. 타고르의 시를 그의 모국어인 벵갈어로 직접 읽고 싶은 꿈이 내게 있었습니다. 공부를 시작하니 너무 어려웠습니다. 자음 모음이 50개가 넘었고 그 중 몇은 소리로는 구분이 되지 않았지요. 성별의 차이, 존대말, 어미 변화가 있는 데다 같은 단어를 낮과 밤에 따라 다르게 불렀습니다. 지나간 일을 생각하니 이 젊은 선교사들이 몹시 사랑스럽게 느껴졌습니다.

무슨 일을 하세요?
시 쓰는 일을 한다오.
와! 멋지네요.

시를 쓴다는데 멋지다고 말하는 사람, 오랜만에 들어 보았습니다. 매우 난해한 질문이 이어졌지요.

시인은 뭐 하는 사람이에요?

이 질문 수없이 들었지만 들을 때마다 답변이 쉽지 않습니다. 어렸을 적 우리 동네에 들어왔던 선교사 이야기를 해주었지요. 아이들의 이야기를 잘 들어주었고 올 때마다 선물을 들고 왔다, 고 했더니 둘이 다 환하게 웃었습니다. 마음이 아픈 이들의 이야기를 잘 들어주고 그들에게 따뜻한 선물을 주는 사람이라고 얘기한 것인데 자신들도 한국에서의 선교 생활 내내 그러할 것이라고 말하는 모습이 보기 좋았습니다

2

요즘 시를 생각하면 마음이 답답해집니다.

시가 무엇인가? 왜 쓰는가? 답하는 것이 조련치 않을뿐더러 같은 질문을 쉬 할 수도 없습니다. 이 질문을 하기 위해선 누군가 쓴 시를 읽고 그의 시가 건넨 마음의 그물이 내 마음을 감싸 안아야 할 것입니다. 보기 좋고 튼튼한 그물을 배에 싣는 어부에게 무슨 물고기를 잡을 것인가요? 라고 묻는 것과 같은 이치입니다. 낡고 구멍이 숭숭 뚫린 그물을 싣는 어부에게 같은 질문을 할 수 없는 노릇입니다.

지난 1980년대 생각이 나는군요. 참 많은 사람들이 시를 썼습니다. 농부 목수 철근공 버스 안내양 선생님 목사 수녀... 시의 시대라고 불린 시절이 우리에게 있었습니다. 시집들이 밀리언셀러가 되었지요. 접시꽃 당신, 노동의 새벽, 농무, 사랑굿, 섬진강, 김수영과 김지하, 정호승과 이해인, 기형도, 유시화의 시집들이 대중들의 사랑을 받았습니다. 사람들이 이 시집들을 즐겨 읽은 이유는 하나. 그 시집들이 시대의 아픔을 닦아주고 개인의 아픔들을 만져 주는 따스한 힘이 있었기 때문입니다. 시집들을 읽어가는 동안 사람들은 더 좋은 세상에 대한 꿈을 꾸었고 나아가 직접 시를 씀으로써 그 시대에 동참하고 싶은 열망을 느꼈지요

천창우의 시집 곡비(哭婢)를 읽으며 이 시의 화자인 나, 박인탁의 세계에 깊은 마음의 울림을 느끼는 것은 같은 이유입니다. 그의 시에 세계에 대한 고통과 그리움이 고스란히 실려 있습니다. 전쟁이 인간에게 끼친 황폐한 삶의 모습은 역으로 전쟁의 주역인 인간의 행태에 대해 깊은 반성을 불러일으키게 되지요. 박인탁은 6.25 동란 반공포로입니다. 말이 쉬워 반공포로이지 그가 반공포로가 되기까지의 과정은 인간으로서 극복하기 힘든 과정 자체일 것입니다. 고향에서 13살에 18살의 아내 손덕산과 결혼했습니다. 그 결혼 생활의 아름다움을 천창우는 이렇게 노래합니다

지금은 기억조차 바래버린 아내 모습
철없어도 서방이라 밖에서 놀다 오면
정지문 빼꼼 열고 손목 까불며 불러서
경중경중 부엌으로 뛰어들어 가노라면
누렇게 잘 익은 누룽지 모아뒀다
저고리 양 주머니에 두둑이 담아줬지
어느 초봄 부엌에서 물 뎁혀 등 밀며
고추를 만졌다고 아내에게 발길질하고
징징대며 뛰쳐나가 온 집안 왯소리질 해
부엌에서 아내 혼자 무안해서 울게 했던
사랑이 뭔지도 모르는 철부지
서방이 뭔지도 몰랐던 망나니

이 구절 읽는데 마음이 먹먹해지는군요. 이팔청춘 이도령과 춘향의 사랑 이야기와는 또 다른 생의 진국이 가사체의 시 속에 스며 있습니다. 철 들어 이 시절을 회상할 수 있다면 5살 연상의 아내에게 느끼는 그리움은 또 얼마나 클런지요. 박인탁은 손덕산과 사이에 두 딸 복식과 복순을 남긴 채 6.25 전쟁에 끌려갑니다. 전쟁은 자의적으로 참여하는 이가 거의 없습니다. 모든 전쟁이 지닌 비극이 여기 있지요.

박인탁이 전쟁포로가 되어 거제도에서 지내는 시간의 아픔을 기억하는 것은 끔찍한 일입니다. 고향에 아내와 두 딸을 둔 그가 반공포로의 길을 선택한 아픔에 대해 깊은

번뇌가 일지 않을 수 없습니다. 그중 함께 담요를 쓰던 재일교포 짝 동무의 죽음은 그가 반공포로의 길에 들어설 수밖에 없음을 보여줍니다

친공 반공포로들 내일 없는 살육난동
자고 나면 동료들 쥐도 새도 모르게
처형돼 빵기통에 토막시체로 처박히고
각을 뜬 시신들 육포처럼 절망에 널어
자유의사 선택에 대못치는 좌익 폭동

한 담요 아래서 위로하고 위로받던
재일교포 은행지점장 점잖은 짝 동무
미제 첩자라 고발돼 몰매 맞아 죽는데
분노한 척 린치에 동참하지 않으면
나 또한 의심받아 자아비판 대상되니
앞장서 짓밟고 들개처럼 물어뜯어
어금니 앙다문 치욕의 밤 지새고
아침 되자 빵끼통에 토막시체 처박아
세상에 이름 하나 흔적없이 지우네

반공포로의 길을 선택하더라도 다시 고향에 돌아가지 못할 거라는 생각은 하지 못했을 것입니다. 몇 달만 지나면 다시 길이 뚫리겠지, 생각했겠지요. 거제도를 나온 그가 흘러들어온 땅이 고흥이었습니다. 팔영산 산 그늘이 바다와

땅을 신비하게 감싼 그곳에서 그의 새로운 삶이 출발 될 수 있었음은 생이 그에게 준 알 수 없는 축복이었지요.

그는 거금도 오천 교회의 종지기가 됩니다.

오천은 거금도의 땅끝마을입니다. 27번 국도가 끝나는 이 포구마을을 나도 좋아했습니다. 길이 이곳에서 끝나니 거꾸로 세상의 길이 이곳에서 시작될 수도 있다고 생각했지요. 바닷가 마을에 묵은 골목길이 있고 골목을 벗어나면 바다가 눈앞에 마주 서는 곳이지요. 바다는 까맣게 빛나는 조약돌들로 채워져 있습니다. 저물녘에 문지방에 서서 바라보면 조약돌들은 누군가의 새까만 눈망울로 보였겠지요. 물살이 조약돌을 쓸고 지나가면 쓸려가는 조약돌들이 쓸쓸하면서도 신비한 울음소리 같은 것을 쏟아 냈지요. 오천 바다에서 박인탁의 생은 위로를 받습니다.

오천 바로 옆 마을은 익금입니다. 포구기행을 쓰느라 바닷가 마을들을 싸돌아다녔던 시절 내가 제일 좋아했던 포구 마을이 익금이었습니다. 여행 좋아하는 친구들이 찾아오면 함께 익금에 가곤 했지요. 익금에서 마주하는 해넘이가 좋았습니다. 날개 익(翼) 쇠 금(金). 금으로 빛은 날개. 이름에서 짙은 은유의 냄새가 났습니다. 해가 수평선을 적시면 익금의 모래사장이 금빛의 두 날개 안에 마을을 감싸고 하늘로 날아오르는 것입니다. 삶이 아무리 궁핍하더라도 하루 한 번씩 금빛 날개를 펴는 마을의 꿈이 있는 한 인간의 삶은 쓸쓸하지 않을 것입니다.

어느 가을 물 빠진 익금의 모래사장에 차를 몰고 들어가 저무는 해를 보았지요. 해넘이에 몰입하는 동안 물이 들어오는 것을 알지 못했지요. 차바퀴에 물이 차오를 때 트랙터를 몰고 주민 한 분이 들어와 차를 견인해주었습니다. 얼마나 감사했는지 모릅니다. 뭐 하는 사람이오? 시 쓰는 사람입니다. 그가 내 얼굴을 찬찬히 들여다보던 생각이 나는군요. 길에 올라 남은 해넘이를 보았지요. 이곳이 내가 본 모든 바닷가 풍경에서 가장 아름다운 풍경일 거라는 생각을 했습니다. 이 생각이 그 무렵 박인탁의 생각 아닐런지요

교회 허드렛일을 하던 박인탁에게 옥천 교회의 전도사는 전쟁 중에 홀로 된 자신의 딸을 소개해줍니다. 둘 사이에 6남매가 태어났습니다. 아름다운 일이었지요. 북에 둔 아내와 두 딸을 박인탁이 잊었을까요? 잊지 못했을 것입니다. 그 속에서 오천 앞바다의 노을은 그곳의 조약돌을 하나씩 만져 주었겠지요.

3

곡비는 삯을 받고 대신 울어주는 노비입니다. 천창우는 이 시집에서 스스로 곡비의 역할을 자처합니다. 경험하지

못했으나 듣는 것만으로 마음이 부서집니다. 여기서 그가 이 시집의 외형석 형식을 가사 문학에서 빌려왔음을 상기할 필요가 있습니다. 가사는 우리 고전문학의 백미입니다. 윤선도의 어부사시사와 정철의 성산별곡을 보고 있으면 우리 말이 지닌 지극한 아름다움에 새삼 고개를 숙이게 됩니다. 비록 왕조시대의 세계관 속에 머무르고 있다 해도 삶과 인간에 대한 절대적이고 고귀한 그리움의 진술은 시가 지닌 본질 중의 으뜸이라 하겠지요.

고향에는 열세 살 어린 남편을 목욕물 끓여 씻어주던 아내가 있고 두 딸이 있습니다. 가슴이 저려 차마 아름답다고 말하기도 힘든 그리운 이들이지요. 오천 바다는 또 얼마나 신비하고 아름다운지요. 보고 있으면 6.25와 같은 동족상잔의 비극이 거짓말로 여겨질 지경이지요. 그 바닷가에서 새 인연을 만났습니다. 그리고 6남매를 얻었지요. 이 또한 얼마나 아프고 아름다운 이야기인지요? 우리 문학사에서 가장 아름다운 장르, 가사 문학과 박인탁의 삶의 이야기는 이렇게 서로 비빌 언덕을 마련해주는 것입니다.

평안남도 양덕군 온천면 하찬리
아스라이 펼쳐진 임천동 들녘이라
이~ 허 쯧! 쯧! 오~ 호 도~라!
안 소는 스라니 안에서 돌아치고
밖 소는 스라니 밖에서 돌아쳐야지

겨리가 기울면 밭이랑이 굽진단다

헤~ 이 이~ 이랏 어서가자
눈치코치 엿 바꿔 먹고 양반 능칠 이놈들아
우리 각시 정짓문에 눈 빠박고 기다릴 때
언제 다 갈끼고 어여 갈고 집에 갑세
허~ 이허 헛! 스라니 돌~고!
허스렁~ 허스렁~ 허이야 허이시~ !

읽어가는 동안 윤선도의 어부사시사 생각 절로 나는군요

수국에 가을 드니 고기마다 살져 있다
닫드러라 닫드러라
만경창파에 실컷 안겨 보자
지국총 지국총 어사화
인간을 돌아보니 멀수록 더욱 좋다
-추사 2

옷 위에 서리 오되 추운 줄 모랄로다
닫디여라 닫디여라
낚싯배 좁다하나 뜬 세상과 어떠한가
지국총 지국총 어사화
내일도 이리하고 모레도 이리 하자
-추사 9

천창우의 곡비 소리가 마련해둔 의성어의 활용은 우리말이 지닌 특별한 아름다움의 전개라 할 것입니다. 가사문학의 연장 선상에서 우리 역사의 독한 아픔과 가을 산억새꽃 같은 우리말의 헛헛한 아름다움을 교차시킴으로써 시가 꿈꾸는 세상의 한 이미지를 새겨 놓습니다. 허~ 이허헛! 스라니 돌~고! / 허스렁~ 허스렁~ 허이야 허이시~ ! 세상의 어떤 언어에 이런 삶의 의성어가 존재할 수 있겠는지요? 산밭 쟁기질 하는 농부의 소몰이 소리에 굴곡진 생의 장단이 들어 있습니다. 아프지만 결코 버릴 수 없는 삶. 그 고개를 넘어섬으로써 더 튼튼해지고 아름다움 쪽으로 다가가는 인간의 삶. 그 삶의 꿈을 현실의 풍경 속에 새겨 넣는 것이지요. 왜 이리 아픈가? 왜 이리 그리운가? 곡비 소리에 젖는 동안 오천의 반짝이는 조약돌 같은, 익금 바다의 저녁노을 같은 황금빛 큰 날개를 지닌 새의 비상을 꿈꾸게 되는 것입니다.

누가 바람으로 하늘을 결박했더냐
누가 품을 수 없는 바다를 금그었다더냐
투명한 금줄에 묶인 나그네만 망연하다

지구별에 마지막 남은 이천칠백 마리 검은부리저어새
그들의 원초적 본능은 장마 전 서둘러
남녘 땅 구지도에 둥지를 틀고
NLL을 넘어

북녘땅 시오릿길 황해도 평안도 그 찰진
검은 갯벌 넘나들 때 새기를 치는 거라지
-검은부리저어새의 노래, 부분

지구상에 남은 이천 칠백 마리 검은부리저어새의 삶은 천창우에게 은유이며 상징입니다. 바람으로 하늘을 결박할 수 없고 품을 수 없는 바다에 금 그을 수 없는 것이지요. 하늘이 있는 한 세계의 바람은 그 품 안에 머물 것이고 바다에 금을 그은 황당한 무리들의 꿈은 사라질 것입니다. 그러기 위해서 삶은 더 거칠게 꿈틀거려야 하고 시는 지척에서 한 줄기 빛으로 남아 반짝여야 할 것입니다.

아파야지 더욱더 못 견디게 아파야만 해
통증이 깊을수록 삶은 더욱 건강하고
심장이 피 흘릴 때 존재를 확인하며
뇌수를 관통할 때 내 뇌수를 찾았지

천창우가 찾은 삶의 본질 앞에 마냥 서럽지 않은 곡비소리가 있습니다. 삶이 지속되는 한 인간의 슬픔과 꿈은 늘 함께할 것입니다. 그 속에서 우리가 찾는 시의 꿈 또한 지속될 것입니다. 박인탁의 삶과 꿈에 한 아름 가을 억새꽃을 놓습니다.

왜 이리 아픈가? 왜 이리 그리운가?
시의 본질에 대한 슬프고 아름다운 두 질문

천창우 가사시집

『곡비 哭婢』 완본판

우리는 저마다 한권의 책을 쓰고 간다

인쇄 | 2023년 09월 25일
초판1쇄발행 | 2023년 09월 25일

지은이 | 천창우
펴낸이 | 이갑주
펴낸곳 | 도서출판 다컴

등록 | 2005년 8월 9일
등록번호 | 482-2005-000004
주소 | 57939 전남 순천시 강변로 857
전화 | 061)753_8006
FAX | 061)751_4423

ISBN 978-89-6461-383-2(03800)

정가 9,500원